KB215951

생선 아카데미

인간론 ❷

토기장이와 그릇

프롤로그

생활 속 선교, 이것은 지난 2000여년간 기독교 공동체가 세상을 향해 꾸준히 던졌던 메시지입니다. 수많은 믿음의 선조들이 하나님을 아는 지식을 바탕으로 자신이 속한 가정과 일터에서 그 믿음과 삶을 실천하였습니다. 그들을 통해 가정이 바뀌고 일터 문화가 바뀌고 힘들었던 세상은 더 나은 세상으로 바뀌었습니다.

하나님은 우리 인간의 모든 영역에 관심을 갖고 계십니다. 생활 선교사는 각자 생활의 영역에서 하나님 사랑, 이웃 사랑을 실천하며 선교적 삶을 살아가는 사람입니다. 생활 선교사가 되기 위해서는 훈련이 필요합니다. 삶의 모든 영역에서 선교사의

역할을 감당하려면 성부, 성자, 성령 하나님은 어떤 분이신지, 우리는 어디로부터 와서 어디로 가는지, 인간의 창조와 타락과 구원의 과정은 어떠한지 이러한 다양한 주제에 대해 정리가 되어 있어야 합니다.

세상은 계속해서 우리를 속이려 하기 때문에 우리는 더욱 배우기를 힘써야 합니다.

> 악한 사람들과 속이는 자들은 더욱 악하여져서 속이기도 하고 속기도 하나니 그러나 너는 배우고 확신한 일에 거하라 너는 네가 누구에게서 배운 것을 알며 또 어려서부터 성경을 알았나니 성경은 능히 너로 하여금 그리스도 예수 안에 있는 믿음으로 말미암아 구원에 이르는 지혜가 있게 하느니라 딤후 3:13~15

생활 선교사를 줄여서 생선이라 표현하고 이분들을 훈련하는 아카데미를 개설했습니다. 온라인 방송은 세계 각 지역의 한인 디아스포라에게 생선 아카데미를 전파할 수 있는 좋은 수단이 되었습니다. 미국, 일본, 중국, 홍콩, 미얀마, 인도, 태국 등 다양한 나라에서 다양한 삶의 환경에 있는 분들과 함께 소통할 수 있었습니다. 이러한 강의 내용을 다 듣고 핵심을 정리하여 각각의 주제를 명확하게 이해할 수 있도록 소책자 형식으로 발간했습니다.

생선 아카데미는 총12개 주제로 이뤄져 있습니다. 이 책은 첫 번째 주제인 인간론에서 제2강 "하나님의 절대주권과 인간의 사명"에 대한 수업 내용입니다. 이 주제를 통해 하나님의 절대 주권을 인정하고 하나님에게 쓰임받는 그릇이 되기를 결단할 수 있기를 바랍니다.

생선 아카데미에 발을 들이신 독자 여러분 모두가 성경을 배우고 구원에 이르는 지혜를 깨달아 생활 선교사로서 각자 삶의 영역에서 복음을 전파하시길 소망합니다.

박진석 목사

● 생선 아카데미 3대 목표

1. 하나님의 권능, 지혜, 성품의 도움을 받아 세상 권세를 이긴다.

2. 생활 선교사로서 온전한 사랑과 믿음과 지식을 구비한다.

3. 배우고 깨달은 바를 적용하고 실천해서 삶의 실제적인 열매를
   맺는다.

1장 / 토기장이의 절대주권

도자기 장인

경북 문경에 도자기 장인을 만나러 간 적이 있습니다. 그는 도자기를 만들고 있었습니다. 작업이 끝난 후 그와 함께 차를 마셨습니다. 차를 마시며 도자기에 관한 이야기를 나눴습니다. 장인은 본인이 만든 도자기가 마음에 들지 않았나 봅니다. 도자기에 조그만 흠집이 있었던 것이지요. 하지만 제가 봤을 때는 너무 훌륭한 도자기였습니다.

"흠집이 난 도자기 어차피 버릴 거라면 저에게

주시면 안 되겠습니까?"라고 했습니다만, 장인은 제가 보는 눈앞에서 망치를 들더니 도자기를 가차 없이 깨버렸습니다. 마음이 아팠습니다. 그런들 도자기의 주인이 자신이 만든 도자기를 깨뜨리는 것에 관해 무슨 말을 할 수 있겠습니까? 도자기의 주인이 도자기에 흠이 있다고 깨는데 감히 제가 할 말이 있겠습니까? 도자기의 입장에서 생각해도 마찬가지입니다. 주인이 마음에 들지 않아 도자기를 깬다고 해도, 도자기는 왈가왈부할 수 있는 권리가 없는 것이지요.

성경은 하나님을 가리켜 "토기장이"라고 말씀합니다. 하나님은 옹기장이, 즉 그릇을 만드시는 분이라고 할 수 있는 것이지요. 성경은 하나님을 그릇 만드는 장인, 그릇을 만드는 명인이라고 표현합니다. 토기장이 하나님은 그릇에 흠이 있거나, 만들어진 그릇이 마음에 들지 않으면 깨뜨릴 수 있습니다. 하나님의 주권에 대해 반박할 수 있는 그릇은 없습니다. 그릇에 관한 주권은 그릇에 있지 않으며 토기장이이신 하나님에게 있기 때문입니다.

토기장이이신 하나님은 세상을 만드셨습니다. 세상은 하나님의 영광을 나타내는 그릇입니다. 세상의 모든 것은 하나님이 지으신 그릇이라고 할 수 있습니다. 그 말인즉슨 세상의 모든 것은 토기장이 하나님의 손안에 있다는 뜻입니다. 이 세상은 하나님의 손안에 있으며, 하나님의 절대주권, 그 영향 아래 있습니다. 하나님을 토기장이라고 고백하는 것은 "이 세상이 하나님의 주권 아래에 있습니다."라는 고백과 같습니다. 세상은 하나님이 만드신 큰 그릇이며, 세상에 하나님이 만들지 않은 것이 없습니다. 하나님은 세상을 빚어 만드신 토기장이이십니다. 이 세상은 하나님의 절대적인 주권 아래에 있습니다. 그러므로 피조물인 세상은 하나님의 절대주권을 인정하며 살아가야 합니다.

하나님의 절대주권을 근거하는 말씀

토기장이 하나님에 관한 계시는 대표적으로 이

사야, 예레미야에 기록되어 있습니다. 이사야와 예레미야는 북이스라엘과 남유다의 심판 가운데 토기장이로 계시된 하나님을 예언합니다.

먼저 이사야는 왕궁에서 예언을 했던 선지자였습니다. 그는 유다의 왕 웃시야, 요담, 아하스, 히스기야 왕 시대에 예루살렘을 중심으로 예언을 했습니다. 오늘날 백악관에 오가며 설교했던 빌리 그레이엄과 같은 인물입니다. 이사야는 북이스라엘과 남유다를 향해 심판의 메시지를 전했습니다. 북이스라엘을 향해서는 "하나님의 뜻대로 살지 않으니 하나님이 심판하실 것"이라고 예언합니다. 또한 남유다를 향해서는 "북이스라엘의 멸망을 보면서도 우상을 숭배한다면 토기장이 하나님에 의해 깨질 것"이라고 예언합니다. 이사야가 토기장이이신 하나님에 관해 예언한 말씀은 다음과 같습니다.

너희의 패역함이 심하도다 토기장이를 어찌 진흙 같이 여기겠느냐 지음을 받은 물건이 어찌 자기를 지은 이에게 대하여 이르기를 그가 나를 짓지 아니하였다 하겠으며 빚음을 받은 물건이 자기를 빚은 이에게 대하여 이르기를 그가 총명이 없다 하겠느냐 사 29:16

그가 이 나라를 무너뜨리시되 토기장이가 그릇을 깨뜨림 같이 아낌이 없이 부수시리니 그 조각 중에서, 아궁이에서 불을 붙이거나 물 웅덩이에서 물을 뜰 것도 얻지 못하리라 사 30:14

내가 한 사람을 일으켜 북방에서 오게 하며 내 이름을 부르는 자를 해 돋는 곳에서 오게 하였나니 그가 이르러 고관들을 석회 같이, 토기장이가 진흙을 밟음 같이 하리니 사 41:25

질그릇 조각 중 한 조각 같은 자가 자기를 지으신 이와 더불어 다툴진대 화 있을진저 진흙이 토기장이에게 너는 무엇을 만드느냐 또는 네가 만든 것이 그는 손이 없다 말할 수 있겠느냐 사 45:9

> 그러나 여호와여, 이제 주는 우리 아버지시니이다 우
> 리는 진흙이요 주는 토기장이시니 우리는 다 주의 손
> 으로 지으신 것이니이다 사 64:8

두 번째로, 예레미야는 북이스라엘이 멸망(주후 722년)하고 남유다가 멸망(주후 586년)하는 과도기에 활동한 선지자입니다. 그리고 그는 남유다가 멸망하고 바벨론에게 잡혀가는 시기까지 활동했습니다. 예레미야는 바벨론에게 끌려가지 않고 예루살렘에 남아있는 백성들에게 "애굽으로 내려가지 말라"고 예언합니다. "예루살렘에 남아 있으라"고 강력하게 예언합니다. 하지만 예루살렘에 남아 있던 사람들은 예레미야의 말을 듣지 않고 애굽으로 내려갑니다.

민족적 자존심이 있었던 모양입니다. 그들은 애굽과 결탁해 바벨론과 다시 한번 싸우려고 했습니다. 그들은 예레미야의 예언을 무시합니다. 그 결과는 어땠을까요? 애굽과 손을 잡은 이스라엘을 본

바벨론은 전쟁을 일으킵니다. 애굽과 이스라엘은 바벨론에게 짓밟히게 되지요. 애굽으로 내려갔던 사람들은 다 죽게 되었습니다. 그들은 하나님의 말씀과 예레미야의 예언을 듣지 않으므로 죽음을 맞이하게 되었습니다.

예레미야의 예언은 예레미야 18:1~12, 19:1~13에 기록되어 있습니다. 이 예언의 말씀은 꽤 길지만, 곱씹어 읽어 보아야 합니다. 토기장이이신 하나님과 그 언약 백성인 이스라엘에 관한 예언의 말씀이기 때문입니다.

여호와께로부터 예레미야에게 임한 말씀에 이르시되 너는 일어나 토기장이의 집으로 내려가라 내가 거기에서 내 말을 네게 들려 주리라 하시기로 내가 토기장이의 집으로 내려가서 본즉 그가 녹로로 일을 하는데 진흙으로 만든 그릇이 토기장이의 손에서 터지매 그가 그것으로 자기 의견에 좋은 대로 다른 그릇을 만들더라 그 때에 여호와의 말씀이 내게 임하니라 이르시

되 여호와의 말씀이니라 이스라엘 족속아 이 토기장
이가 하는 것 같이 내가 능히 너희에게 행하지 못하겠
느냐 이스라엘 족속아 진흙이 토기장이의 손에 있음
같이 너희가 내 손에 있느니라 내가 어느 민족이나 국
가를 뽑거나 부수거나 멸하려 할 때에 만일 내가 말한
그 민족이 그의 악에서 돌이키면 내가 그에게 내리기
로 생각하였던 재앙에 대하여 뜻을 돌이키겠고 내가
어느 민족이나 국가를 건설하거나 심으려 할 때에 만
일 그들이 나 보기에 악한 것을 행하여 내 목소리를
청종하지 아니하면 내가 그에게 유익하게 하리라고
한 복에 대하여 뜻을 돌이키리라 그러므로 이제 너는
유다 사람들과 예루살렘 주민들에게 말하여 이르기를
여호와의 말씀에 보라 내가 너희에게 재앙을 내리며
계책을 세워 너희를 치려 하노니 너희는 각기 악한 길
에서 돌이키며 너희의 길과 행위를 아름답게 하라 하
셨다 하라 그러나 그들이 말하기를 이는 헛되니 우리
는 우리의 계획대로 행하며 우리는 각기 악한 마음이
완악한 대로 행하리라 하느니라 렘 18:1-12

이 예언의 말씀은 주로 "언약 백성의 심판"에 관해 다룹니다. 토기장이 하나님이 예루살렘과 예루살렘 성전을 깨뜨릴 것이라는 예언입니다. 제아무리 언약 백성이라고 할지라도 하나님의 뜻대로 살지 않았기 때문에 깨질 것이라는 말씀입니다. 여기서 우리는 잠시 멈추어 생각해 보아야 합니다. 예수님을 믿고 언약 백성이 되었지만, 하나님의 말씀을 마음의 중심에서 따르지 않으면서 믿음으로만 천국에 간다고 말하는 사람들이 있습니다. 그러나 예레미야의 예언에 의하면 어떻습니까? 언약 백성도 심판 아래 있음을 기억해야 합니다. 토기장이 하나님은 예레미야의 예언을 통해 언약을 맺어도 그 마음의 중심을 따라 심판하신다는 하나님 주권의 신비를 계시하십니다.

하나님의 절대주권을 거부하려는 인간

토기장이 하나님을 믿는다는 것은 세상의 주권이 하나님에게 있음을 고백하는 것입니다. 그러나 인간은 "하나님 마음대로" 세상이 흘러가는 것을 거부합니다. 죄인들은 하나님 마음대로가 아닌 "내 마음대로" 세상이 흘러가기를 바랍니다. 이것이 죄인의 본성입니다. 죄를 가진 인간은 하나님의 절대 주권을 거부하려고 합니다. 죄인은 하나님의 주권대로 이 세상이 움직이는 것에 반항하는 사람입니다. 그들은 하나님의 뜻보다 자신이 생각하는 대로 세상이 움직여야 직성이 풀리는 사람들입니다. 마음 깊숙한 곳에서부터 하나님의 주권을 거부하는 사람들이지요.

사사시대의 소위 하나님의 백성들이 그랬습니다. 그들은 각자 소견에 옳은 대로 행했습니다. 하나님은 각자 소견에 옳은 대로 행하는 사람들을 내버려두지 않으셨습니다. 하나님은 그들을 심판하셨습니다. 그리고 그들이 회개할 때 다시 구원해 주셨습니다. 그러나 오늘날 현대인의 모습은 어떻습니까? 각자 소견에 옳은 대로 행하면서도 회개하려는 모습이 없습니다. 하나님의 심판이 눈앞에

펼쳐져도 회개하기는커녕 자신이 옳다고 생각하는 대로 여전히 살아갑니다.

현대인의 특징은 하나님의 절대주권을 인정하지 않는다는 것입니다. 오늘날 그리스도인 중에서도 토기장이이신 하나님을 인정하지 않는 사람들이 있습니다. "종교다원주의"라는 말이 있습니다. 이 말은 예수 그리스도가 아닌 다른 신을 통해서도 구원받을 수 있다는 뜻입니다. 현대인들은 여러 종교 지도자들이 모여 악수하며 평화를 외치면 박수갈채를 보냅니다. 그러나 하나님의 백성들은 이러한 모습을 잘 분별해야 합니다.

어떤 분은 유대교, 이슬람교, 기독교에서 믿는 하나님이 다 같다고 생각합니다. 그러나 토기장이 하나님은 예수 그리스도를 통해서만 구원을 주시며, 그의 보혈의 능력으로만 이 세계를 구원하시는 분입니다. 이것이 하나님의 절대주권이자 절대섭리이며 하나님의 특별한 성경적 계시입니다. 그러나 세상을 보십시오. 세상은 점점 다원화되어 갑니다. 사람들은 갈수록 다원주의를 미덕이라고 생각합니다. 신학자 중에서도 그런 생각을 가진 사람들이 있습니다. 이 세상을 창조하시고 구원하시는 하나님을 다원주의적으로 생각하곤 합니다. 그리스도 외에도 구원이 있다고 말합니다.

어떻게 예수 그리스도가 이슬람교에도 있고 유대교에도 있을 수 있다는 말입니까? 성경은 다원주의를 말하지 않습니다. 성경에는 통일성이 있습니다. 구약성경에서 등장하는 창조의 하나님이 신약성경에 등장하는 구원의 하나님입니다. 구약성경과 신약성경은 따로 해석하면 안 됩니다. 세상을 창조하시고 심판하시며 구원하시는 하나님은 한 분 하나님이며, 삼위일체 하나님으로 존재하십니다.

그러나 사람들은 저마다 자기 소견에 옳은 대로 믿고 그에 따라 안전과 구원을 바랍니다. 이것이 하나님의 절대주권을 거부하려는 인간의 습성이 아니라면 무엇으로 설명하겠습니까? 인간의 악한 습성 중 하나는 우상 숭배입니다. 하나님은 다른 신에게 절하지 말라고 말씀하셨습니다. 우상 숭배에 관한 말씀은 성경 곳곳에 있습니다. 특별히 하나님은 출애굽기에서 이렇게 말씀하십니다.

너는 나 외에는 다른 신들을 네게 두지 말라 출 20:3

여호와 외에 다른 신에게 제사를 드리는 자는 멸할지니라 출 22:20

다른 신들의 이름은 부르지도 말며 네 입에서 들리게도 하지 말지니라 출 23:13

너는 다른 신에게 절하지 말라 여호와는 질투라 이름하는 질투의 하나님임이니라 출 34:14

또한 신명기에서 거듭 말씀하십니다.

나 외에는 다른 신들을 네게 두지 말지니라 신 5:7

예레미야가 19장에서 경고하며 예언하는 내용이 바로 이것입니다. 예레미야는 다른 신에게 분향하는 사람들의 모습을 신랄하게 비판합니다. 유다왕들이 다른 신들을 숭배하고, 바알을 위해 산당을 건축하고, 바알을 예배했다고 지적합니다. 그들이심판을 받은 이유는 다름 아닌 우상을 숭배했기 때문입니다. 그들은 토기장이이신 하나님을 온전히인정하지 않았고 예배하지 않았던 것입니다.

한 가지 질문을 하고 싶습니다. 성경이 계시하고 있는 하나님 외에 다른 신이 있다고 생각하나요, 아니면 다른 신은 없다고 생각하나요? 왜 이세상에는 수많은 종교가 있으며 다른 신들을 섬기는 사람들이 존재하는 것일까요? 그것은 바로 자기 욕심, 자기 소견의 우상을 숭배하는 인간의 죄성 때문입니다. 이 세상에 존재하는 참 하나님 외에 다른 신들은 인간이 만들어 낸 것입니다. 사람들이 저마다 만들어 낸 신은 이 세상에 존재하지않는 허망한 신들(gods)이라는 것이지요. 즉 사람들은 자신들의 탐심의 충동을 따라 허무한 존재를 만들어놓고 그것에 절하곤 합니다. 이것이 죄에 오염된 인간의 모습입니다. 인간은 토기장이이신 하나님이 세상을 만드시고 이 세상을 친히 주관하신다는 사실을 거부하려고 합니다. 토기장이이신 하나님의 절대주권을 우상 숭배의 뿌리 깊은 죄성 때문에 받아들이지 않는 것이지요.

핵심과 나눔(Key points & Sharing points)

K1. 토기장이 하나님에 관한 계시는 대표적으로 어느 책에 기록되어
   있습니까?
   _____

   _____

   _____

K2. 예수 그리스도 외에도 구원의 방법이 있다는 주장을 무엇이라고
   하나요?
   _____

   _____

   _____

S1. 하나님의 절대주권을 거부했던 경험이 있다면 나눠 봅시다.
   _____

   _____

   _____

S2. 종교 다원주의의 문제점이 무엇인지 나눠 봅시다.
   _____

   _____

   _____

   _____

2장 / 하나님의 구원계획 : 피 흘림과 토기장이의 밭

첫 번째 아담과 마지막 아담

아담은 하나님의 절대주권을 인정하지 않은 인류의 첫 번째 죄인입니다. 그는 인류 최초로 자기 소견에 옳은 대로 살려고 했던 사람입니다. 아담 때문에 옛 에덴은 저주를 받게 되었습니다. 옛 에덴의 저주 때문에 인류는 고통을 겪게 되었고 오늘날까지 고된 나날을 보내게 되었습니다. 아담 한 사람으로 인해 시작된 저주는 인류 전체에 퍼지게 되었습니다. 그뿐만 아니라 아담의 죄악으로 인해 하나님은 옛 에덴의 땅까지 저주하십니다. 땅이 저주를 받게 되었고, 땅의 저주로 인해 모든 사람이 수고하게 되었습니다. 땅은 사람에게 가시덤불과 엉겅퀴를 내며, 사람은 밭을 갈고 평생에 수고하지 않으면 소산을 먹지 못하게 되었습니다.

> 아담에게 이르시되 네가 네 아내의 말을 듣고 내가 네게 먹지 말라 한 나무의 열매를 먹었은즉 땅은 너로 말미암아 저주를 받고 너는 네 평생에 수고하여야 그 소산을 먹으리라 땅이 네게 가시덤불과 엉겅퀴를 낼 것이라 네가 먹을 것은 밭의 채소인즉 네가 흙으로 돌아갈 때까지 얼굴에 땀을 흘려야 먹을 것을 먹으리니 네가 그것에서 취함을 입었음이라 너는 흙이니 흙으로 돌아갈 것이니라 하시니라 창 3:17-19

토기장이의 절대주권을 거부한 아담 때문에 땅이 저주를 받습니다. 창세기 3장에서 땅의 저주 때문에 우리는 평생 수고해야 먹고살 수 있게 되었다고 말씀합니다. 너도나도 할 것 없이 밭을 갈고, 농사를 짓고, 일을 하고, 땀을 흘리게 되었습니다. 일하는 것이 나쁜 것은 아니지만, 땅의 저주로 인해 고생하는 것은 고역입니다.

하지만 하나님은 아담을 무책임하게 내버려두지 않으셨습니다. 하나님은 아담에게 입혀줄 가죽옷을 만들기 위해 어린 양을 잡아오십니다. 그리고 어린 양의 가죽을 벗기십니다. 이때 어린 양의 피가 옛 에덴의 땅에 흘렀을 것입니다. 어린 양의 피가 저주 받은 땅에 가득하게 되었습니다. 죄범한 아담의 허물과 부끄러움을 가려주기 위해 가죽옷을 만들 때 흘린 이 어린 양의 피는 성경전체를 통해 계시되고 있습니다. 이 어린 양의 피는 누구를 가리키는 것일까요? 바로 유월절 어린 양 예수 그리스도의 피를 예표합니다.

하나님은 저주 받은 땅을 회복하기를 원하셨고, 저주 받은 에덴을 새롭게 하고 싶으셨습니다. 그리하여 하나님은 가죽옷을 지어 아담에게 입히신 것이지요. 가죽옷을 지으며 흘리신 피로 옛 에덴의 땅을 향한 저주를 해결하고 싶으셨던 것입니다. 하나님은 가죽옷을 통해 옛 에덴의 저주를 해결하신 것처럼, 예수 그리스도의 피로 이 땅을 구원하기로 예정하셨습니다. 하나님은 그리스도의 피 흘림을 통해 우리에게 그리스도로 옷을 입히시고, 죄인을 구원하시길 원하셨습니다.

요한계시록에 등장하는 새 하늘과 새 땅의 모습을 한번 머릿속에 그려보십시오. 처음 하늘과 처음 땅이 없어졌다고 말씀합니다. 새로운 에덴, 새로운 성 새 예루살렘에는 선악을 알게 하는 나무가 없습니다. 예수님의 피로 저주 받은 땅이 새롭게 되었기 때문입니다.

또 내가 새 하늘과 새 땅을 보니 처음 하늘과 처음 땅이 없어졌고 바다도 다시 있지 않더라 계 21:1

예수님이 다시 오실 때 가죽옷, 그리스도로 옷을

입고 있는 성도는 새로운 예루살렘에 입성하게 될 것입니다. 예수 그리스도의 어린 양의 피를 마음에 믿는 사람은 그 땅에서 영원한 복락을 누리게 될 것입니다. 예수님의 피는 바로 이 영원한 땅에서의 생명을 위한 대가 지불이었던 것입니다.

사실, 이 어린 양의 피는 아담의 갈비뼈를 통해 여자가 만들어질 때부터 예정되었습니다. 하나님은 아담을 잠들게 하시고 갈비뼈로 여자를 만드셨습니다. 이때 아담의 피는 땅에 가득히 흐르게 되었습니다. 아담의 피 흘림을 통해 여자가 만들어진 것이지요. 첫째 아담의 피가 에덴에 흐를 때, 하나님은 마지막 아담인 예수 그리스도를 통해 이 땅을 새롭게 하실 것임을 예정하셨던 것입니다. 이후에 예수님은 골고다에서 피를 흘리셨고 예수님의 피를 통해 우리는 새로운 예루살렘에 입성할 수 있게 되었습니다.

또 내가 보매 거룩한 성 새 예루살렘이 하나님께로부

터 하늘에서 내려오니 그 준비한 것이 신부가 남편을
위하여 단장한 것 같더라 계 21:2

새로운 성 새 예루살렘이 하나님으로부터 내려
올 때 그 모습은 어떠합니까? 신부가 남편을 위해
단장한 것 같다고 말씀합니다. 여러분은 어린 양의
혼인잔치가 공중에서 열리는 그 날에 함께 참여할
수 있겠습니까? 여러분은 예수 그리스도를 통해
얻는 구원을 마음으로 믿고 입으로 시인하고 있습
니까? 여러분은 하나님의 절대주권을 인정하고 있
습니까? 토기장이이신 하나님이 만물을 새롭게 창
조하실 때 그리스도로 옷을 입고 함께 기뻐해야하
지 않겠습니까?

보좌에 앉으신 이가 이르시되 보라 내가 만물을 새롭
게 하노라 하시고 또 이르시되 이 말은 신실하고 참되
니 기록하라 하시고 계 21:5

하나님은 절대주권을 거부하는 아담과 그 후손들을 위해 예수 그리스도의 피를 예정하셨습니다. 예수 그리스도의 피를 통해 새로운 창조의 시대가 열리게 되는 것이지요. 인간의 죄성은 토기장이이신 하나님의 절대주권을 거부하지만, 여전히 하나님은 그리스도의 피를 통해 하나님의 절대주권에 순종하는 새 그릇을 만들려고 하십니다. 그리스도의 피 흘림을 마음 밭에 믿으므로 하나님의 절대주권에 순종하는 사람만이 하늘의 새 예루살렘성, 새 에덴에 들어가게 될 것입니다. 그리스도의 피 흘림을 헛되게 여기지 마십시오. 하나님이 창세부터 예정하신 구원의 계획을 찬양하며 감사하십시오. 옛 에덴에서부터 새로운 에덴, 새 예루살렘에 이르기까지 예정하신 피 흘리심에 참여하시기 바랍니다.

토기장이의 밭

마태는 예수님의 핏값으로 산 토기장이의 밭은 예레미야의 토기장이 이야기의 성취라고 말합니

다. 즉 예레미야 18:1~6, 19:1~11의 말씀이 성취
되었다는 것입니다. 토기장이의 밭에 관한 마태복
음의 말씀은 다음과 같습니다.

새벽에 모든 대제사장과 백성의 장로들이 예수를 죽
이려고 함께 의논하고 결박하여 끌고 가서 총독 빌라
도에게 넘겨 주니라 그 때에 예수를 판 유다가 그의
정죄됨을 보고 스스로 뉘우쳐 그 은 삼십을 대제사장
들과 장로들에게 도로 갖다 주며 이르되 내가 무죄한
피를 팔고 죄를 범하였도다 하니 그들이 이르되 그것
이 우리에게 무슨 상관이냐 네가 당하라 하거늘 유다
가 은을 성소에 던져 넣고 물러가서 스스로 목매어
죽은지라 대제사장들이 그 은을 거두며 이르되 이것
은 핏값이라 성전고에 넣어 둠이 옳지 않다 하고 의
논한 후 이것으로 토기장이의 밭을 사서 나그네의 묘
지를 삼았으니 그러므로 오늘날까지 그 밭을 피밭이
라 일컫느니라 이에 선지자 예레미야를 통하여 하신
말씀이 이루어졌나니 일렀으되 그들이 그 가격 매겨

진 자 곧 이스라엘 자손 중에서 가격 매긴 자의 가격

곧 은 삼십을 가지고 토기장이의 밭 값으로 주었으니

이는 주께서 내게 명하신 바와 같으니라 하였더라

마 27:1-10

　가룟 유다가 성전에 던진 은 삼십은 그냥 은 삼십이 아닙니다. 그가 던졌던 은 삼십은 다름 아닌 예수 그리스도의 핏값입니다. 대제사장과 장로들은 이 돈으로 당시 토기장이 소유의 밭을 사지요. 예수 그리스도의 핏값으로 토기장이의 밭을 산 것입니다. 이 사건은 과연 우연일까요, 아니면 토기장이 하나님의 뜻을 계시한 것일까요? 이것은 우연이 아니라, 토기장이 하나님의 특별한 계시입니다. 대제사장과 장로들은 은 삼십으로 산 토기장이의 밭을 나그네의 묘지로 삼습니다. 그 묘지의 이름이 바로 "피밭"이 됩니다. 이 피밭은 토기장이 하나님이 하늘에 예비하고 있는 새 밭을 가리킵니다. 하늘에 예비한 새 밭은 예수 그리스도가 영원한 희생

제물이 되시고, 모든 죄에 대하여 대가를 지불하신 곳입니다. 그곳에는 선악을 알게 하는 나무도 없으며, 오로지 예수 그리스도의 보혈의 공로만 있는 곳입니다.

은 삼십에 토기장이의 밭을 산 사건은 "토기장이 하나님이 예수 그리스도의 핏값으로 새 예루살렘성, 즉 새 에덴의 밭을 샀다."라는 뜻입니다. 토기장이 하나님은 그리스도의 피를 통해 만물을 사셨습니다. 예수 그리스도의 피로 값을 지불하고 죄와 사망의 권세자로부터 세상 만물을 구매하신 것이지요. 마치 하나님이 구원의 농사를 지은 것처럼 보이지 않습니까? 하나님은 예수 그리스도의 피를 통해 새로운 밭을 구비하고 그곳에 영원한 생명을 심으신 것입니다.

또 그가 수정 같이 맑은 생명수의 강을 내게 보이니 하나님과 및 어린 양의 보좌로부터 나와서 길 가운데로 흐르더라 강 좌우에 생명나무가 있어 열두 가지 열

매를 맺되 달마다 그 열매를 맺고 그 나무 잎사귀들은
만국을 치료하기 위하여 있더라 계 22:1-2

천국은 바로 이런 곳입니다. 우리를 시험에 빠뜨렸던 선악을 알게 하는 나무는 사라지고 없습니다. 새 예루살렘성 새 에덴 동산에는 영원한 생명의 복락만이 가득한 곳입니다. 다 예수님의 십자가에서 흘리신 피의 죗값 지불로 주어진 선물들입니다.

또한 은 삼십에 토기장이의 밭을 구매한 사건은 스가랴서의 예언이 성취되는 사건이기도 합니다.

이에 은총이라 하는 막대기를 취하여 꺾었으니 이는
모든 백성들과 세운 언약을 폐하려 하였음이라 당일
에 곧 폐하매 내 말을 지키던 가련한 양들은 이것이
여호와의 말씀이었던 줄 안지라 내가 그들에게 이르
되 너희가 좋게 여기거든 내 품삯을 내게 주고 그렇지
아니하거든 그만두라 그들이 곧 은 삼십 개를 달아서
내 품삯을 삼은지라 여호와께서 내게 이르시되 그들

이 나를 헤아린 바 그 삯을 토기장이에게 던지라 하시

기로 내가 곧 그 은 삼십 개를 여호와의 전에서 토기

장이에게 던지고 내가 또 연합이라 하는 둘째 막대기

를 꺾었으니 이는 유다와 이스라엘 형제의 의리를 끊

으려 함이었느니라 슥 11:10-14

가룻 유다가 던진 은 삼십과 그 은 삼십으로 대
제사장들과 장로들이 산 밭은 모두 토기장이 하나
님이 예비하는 새 밭, 새로운 에덴을 예표하는 것
입니다.

은 삼십은 출애굽기 21:32에 의하면 죽은 노예
의 몸값이라고 할 수 있습니다.

소가 만일 남종이나 여종을 받으면 소 임자가 은 삼십

세겔을 그의 상전에게 줄 것이요 소는 돌로 쳐서 죽일

지니라 출 21:32

즉 예수님은 죄의 노예가 된 우리를 위한 몸값

으로 자신을 내어주신 것입니다. 그러므로 토기장이의 밭은 하나님의 절대주권을 거역하는 죄의 노예인 인간을 위한 밭이며, 영원한 천국을 예비하신 하나님의 예정, 섭리인 것입니다. 예수님의 십자가 희생을 값싼 은혜로 생각하지 말아야 합니다. 향유 옥합을 깨뜨린 여인처럼 우리도 각자 믿음의 분량을 따라 예수님의 죽음에 동참해야 합니다.

시편 기자의 고백처럼 우리의 마음의 생각과 입술의 모든 말들이 토기장이이신 하나님의 주권에 합당한 삶을 살아야 합니다.

나의 반석이시요 나의 구속자이신 여호와여 내 입의 말과 마음의 묵상이 주님 앞에 열납되기를 원하나이다 시 19:14

핵심과 나눔(Key points & Sharing points)

K1. 하나님의 절대주권을 인정하지 않은 첫 번째 사람은 누구입니까?

_____

_____

_____

K2. 가룟 유다는 예수님을 판 돈으로 토기장이의 밭을 사서 나그네의
    묘지로 삼았습니다. 묘지의 이름은 무엇입니까?

_____

_____

S1. 아담과 하와의 죄 때문에 우리는 어떤 고난을 받고 있다고 생각하
    는지 나눠 봅시다.

_____

_____

S2. 예수 그리스도가 베푸신 구원의 은혜를 현재 얼마나 누리고 사는
    지 나눠 봅시다.

_____

_____

_____

_____

3장 / 하나님이 쓰시는 그릇

다양한 그릇

　토기장이 하나님은 자신의 뜻대로 구원을 예정하시면서, 또한 다양한 그릇을 만드셨습니다. 성경은 토기장이와 그릇에 관해 다음과 같이 말씀합니다.

> 큰 집에는 금 그릇과 은 그릇뿐 아니라 나무 그릇과 질그릇도 있어 귀하게 쓰는 것도 있고 천하게 쓰는 것도 있나니 그러므로 누구든지 이런 것에서 자기를 깨

끗하게 하면 귀히 쓰는 그릇이 되어 거룩하고 주인의

쓰심에 합당하며 모든 선한 일에 준비함이 되리라

딤후 2:20-21

토기장이가 진흙 한 덩이로 하나는 귀히 쓸 그릇을,

하나는 천히 쓸 그릇을 만들 권한이 없느냐 만일 하나

님이 그의 진노를 보이시고 그의 능력을 알게 하고자

하사 멸하기로 준비된 진노의 그릇을 오래 참으심으

로 관용하시고 또한 영광 받기로 예비하신 바 긍휼의

그릇에 대하여 그 영광의 풍성함을 알게 하고자 하셨

을지라도 무슨 말을 하리요 이 그릇은 우리니 곧 유대

인 중에서뿐 아니라 이방인 중에서도 부르신 자니라

롬 9:21-24

이처럼 하나님은 귀히 쓰는 그릇, 천히 쓰는 그

릇을 하나님의 주권 아래 만드셨습니다. 앞에서 말

한 바와 같이, 하나님은 옹기장이이시며, 세상은

큰 그릇과 같습니다. 우리 각자는 하나님이 만드신

다양한 그릇들 중 하나입니다. 그렇다면 하나님이 쓰시는 그릇은 어떤 그릇이며, 하나님이 천히 쓰시는 그릇은 어떤 그릇일까요? 우리는 토기장이 하나님 앞에서 어떤 마음으로 살아야 할까요?

귀히 쓰는 그릇

먼저, 토기장이 하나님이 "귀히 쓰는 그릇"은 어떤 그릇일까요? 성경은 이런 그릇을 "거룩한 그릇", "주인의 쓰심에 합당한 그릇", "자기를 깨끗하게 한 그릇", "모든 선한 일에 준비된 그릇", "영광을 받기로 예비된 그릇", "긍휼의 그릇"이라고 말씀합니다. 하나님이 귀히 쓰는 그릇은 창세부터 예정된 그릇입니다. 하나님이 귀히 쓰는 그릇은 하나님의 사랑이 늘 임하는 그릇, 복음전파를 위해 애쓰는 그릇입니다.

어떻게 귀히 쓰는 그릇이 될 수 있을까요? 디모데후서 2장은 자기를 깨끗하게 하면 귀히 쓰는 그릇이 된다고 말씀합니다. 자기를 깨끗하게 준비한

귀한 그릇이 되었을 때 비로소 하나님의 선하시고 합당한 일에 쓰임을 받게 됩니다. 하나님은 우리를 더욱 귀하게 쓰시려고 하십니다. 하나님은 우리를 귀한 그릇으로 빚으시기 위해 때로 불시험의 은혜를 허락하시기도 합니다. 이러한 불시험의 때에 토기장이 하나님이 우리를 깨끗한 빈 그릇으로 예비하시려는 뜻을 깨닫고 감사할 수 있기를 바랍니다. 여러분은 하나님이 귀히 쓰는 그릇입니까? 거룩한 그릇, 주인의 쓰심에 합당한 그릇입니까? 아니면 본인의 소견에 따라 살아가는 그릇입니까?

우리는 때때로 스스로를 돌아봐야 합니다. 나는 하나님의 영광을 나타내기 위해 예비된 그릇인가? 복음전파를 위해 애쓰는 그릇인가? 하나님의 사랑을 늘 기억하는 그릇인가?

혹시 하나님의 합당한 일에 쓰임을 받는 것보다 이 땅의 안락함과 부귀영화에만 관심을 가지는 그릇은 아닙니까? 하나님의 은혜는 이 땅의 부귀영화가 아닌 하나님의 영광을 사모하는 자에게 임합니다.

　로마서 9장은 귀히 쓰는 그릇을 위해 "영광의 풍성함"을 알게 하신다고 말씀합니다. 무슨 뜻입니까? 십자가의 은혜를 통해 예비되고 있는 새 예루살렘 성, 새 에덴에서 누릴 모든 것들을 깨닫게 하신다는 말입니다. 그리하여 우리로 하여금 하나님에게 쓰임 받기에 부족함이 없는 그릇으로 만들어 가십니다. 하나님은 토기장이이시며 우리는 귀히 쓰임 받는 그릇입니다. 우리는 창세부터 예정된 그릇임을 기억해야 합니다. 이 사실을 깊이 깨닫게 된다면 우리는 감사할 일밖에 없습니다.

　천히 쓰는 그릇

　토기장이 하나님은 "귀히 쓰는 그릇"도 만드셨지만 반대로 "천히 쓰는 그릇"도 만드셨습니다. 가룟 유다와 같은 사람이 진노의 그릇이라고 할 수 있습니다. 그들은 멸하기로 준비된 진노의 그릇이며, 하나님은 그들을 향해 오래 참고 계시는 거지요. 그들은 택함을 받지 못한 그릇으로 하나님의 오래 참음이 끝나면 깨지고 부서질 그릇입니다. 성경은 천히 쓰는 그릇의 멸망에 관해 다음과 같이 말씀합니다.

이기는 자와 끝까지 내 일을 지키는 그에게 만국을 다스리는 권세를 주리니 그가 철장을 가지고 그들을 다스려 질그릇 깨뜨리는 것과 같이 하리라 나도 내 아버지께 받은 것이 그러하니라 계 2:26-27

네가 철장으로 그들을 깨뜨림이여 질그릇 같이 부수리라 하시도다 시 2:9

왕께서 쇠와 진흙이 섞인 것을 보셨은즉 그들이 다른 민족과 서로 섞일 것이나 그들이 피차에 합하지 아니함이 쇠와 진흙이 합하지 않음과 같으리이다 이 여러 왕들의 시대에 하늘의 하나님이 한 나라를 세우시리니 이것은 영원히 망하지도 아니할 것이요 그 국권이

다른 백성에게로 돌아가지도 아니할 것이요 도리어
이 모든 나라를 쳐서 멸망시키고 영원히 설 것이라

단 2:43–44

하나님이 토기장이라는 고백은 천히 쓰는 그릇도 만드셨음을 인정한다는 뜻입니다. 하나님은 준비된 진노의 그릇도 만드셨습니다. 물론 여기에는 진노의 그릇이 자유의지적으로 불순종한 데에 대한 책임이 당연히 있습니다. 어떻게 그릇이 토기장이에게 "왜 진노의 그릇을 만드셨나요?"라고 물을 수 있겠습니까? 하나님은 진노의 그릇을 만드셨고 오래 참고 계십니다. 나중에 심판의 때에 진노의 그릇은 땅에 떨어져 깨지고 심판을 받게 됩니다. 창세 전부터 토기장이 하나님은 예수의 복음을 거부하고 불순종한 그릇들을 시간과 공간을 초월하여 다 아셨습니다. 이것은 우리의 유한하고 제한된 이성을 초월하는 천국의 신비입니다.

누군가는 하나님이 깨뜨릴 진노의 그릇을 부러

워하기도 합니다. 자신의 마음대로 살아가는 모습을 보면서 말이지요. 그들은 돈도 많이 벌고, 좋은 옷도 있고, 더 건강하고, 더 장수하기도 합니다. 세상의 가치관을 따라 살아가는 사람들을 보며, 누군가는 예수님을 너무 믿지 말라고 이야기하기도 합니다. 예수님을 너무 믿으면 고생한다고 생각합니다. 그저 천국 갈 정도로만 적당히 예수를 믿으라고 솔깃한 말을 합니다. 그러나 천히 쓰는 그릇의 삶은 곧 깨어질 것이라는 사실을 기억해야 합니다. 하나님은 오래 참고 계시는 것이지, 영원히 참지 않으십니다.

빈 그릇

그렇다면 우리는 어떤 그릇이 되어야 할까요? 예수님을 그릇에 비유한다면 "빈 그릇"이라고 할 수 있습니다. 빌립보서의 말씀에 따르면, 예수님은 자신을 완전히 비우시고 하나님의 뜻으로만 가득하게 하셨던 분입니다.

그는 근본 하나님의 본체시나 하나님과 동등됨을 취할 것으로 여기지 아니하시고 오히려 자기를 비워 종의 형체를 가지사 사람들과 같이 되셨고 사람의 모양으로 나타나사 자기를 낮추시고 죽기까지 복종하셨으니 곧 십자가에 죽으심이라 빌 2:6-8

예수님은 자신을 비우고 죽기까지 하나님의 뜻에 복종하셨습니다. 우리는 그 결과를 알고 있습니다. 성부 하나님은 성자 하나님을 다시 높여 주셨고 만물을 다스리는 주관자가 되게 하셨습니다. 이처럼 우리도 자신을 비우고, 우리의 편견과 소견대로 살아가는 고집을 비우고, 하나님의 뜻에 죽기까지 복종한다면, 하나님은 이 세상이든 저 세상이든 하나님의 때에 맞게 우리를 높여주실 것입니다. 바울은 이 사실을 알았기에 이렇게 담대히 고백했습니다.

생각하건대 현재의 고난은 장차 우리에게 나타날 영광과 비교할 수 없도다 롬 8:18

그러나 우리의 모습은 어떻습니까? 우리 마음의 그릇을 불순한 것들로 채우려고 하지 않나요? 우리는 하나님의 자리를 넘보고 내 소견대로 이 땅을 살아가려는 죄성이 있습니다. 그러나 예수님의 모습을 보십시오. 하나님과 동등됨을 취하지 않으시며 자신을 비우십니다. 자신을 비우실 뿐만 아니라 자신을 낮추어 죽기까지 복종하시지요. 지혜로우신 예수님이 기쁨으로 보여 주신 모습입니다. 이것이 우리가 지향해야 할 삶의 모습입니다. 하나님 앞에서 빈 그릇이 되어야 합니다.

빈 그릇의 대표적인 이야기는 엘리야의 기름병 기적이라고 할 수 있습니다. 당시 기름병 하나가 전부였던 고아와 과부가 있었습니다. 그들은 곧 죽기 직전의 사람들이었습니다. 엘리야는 죽기 직전인 과부와 고아에게 빈 그릇을 준비하라고 말합니다. 그들은 동네 곳곳을 돌아다니며 빈 그릇을 모읍니다. 그리고 그들이 빈 그릇을 다 준비하자 하나님은 기름으로 채우셨습니다. 이것이 토기장이 하나님 앞에 살아가야 할 그릇의 태도입니다. 우리의 마음이 빈 그릇이 될 때 성령의 기름 부음, 성령의 권능이 가득하게 됩니다.

우리의 그릇을 비울 때 비로소 하늘의 능력이 부어지게 됩니다. 이 땅을 이길 수 있는 힘이 생기는 것이지요. 과부와 고아에게 있었던 것은 빈 그릇하나였습니다. 죽을 수밖에 없었던 그들은 빈 그릇하나로 세상을 이겼던 것입니다. 우리는 어떻습니까? 손에 너무 많은 것을 쥐고 있지는 않습니까? 우리 마음 안에 너무 잡다한 것들이 가득하지는 않습니까? 죽을 수밖에 없는 죄인에게 필요한 것은 빈 그릇입니다. 우리에게 필요한 것은 하늘로부터 내려오는 은혜와 성령의 기름 부음입니다.

토기장이 하나님은 직접 만드신 그릇에게 권능을 부어주시는 분입니다. 하나님의 은혜가 이 땅 가운데 임할 때, 그리고 교회와 각 가정에 성령의 기름 부음이 있을 때 복잡한 모든 것들이 해결되기 시작합니다. 복음전파는 물론이고 사업, 노후대책,

건강과 자녀들, 모든 것에서 하나님의 도우심이 나타나기 시작할 것입니다. 그 이유는 하나님의 온전한 뜻에 비로소 정렬되었기 때문입니다. 빈 그릇이 되어 삶의 모든 영역에서 은혜와 성령의 충만함으로 채워지길 축원합니다.

핵심과 나눔(Key points & Sharing points)

K1. 귀히 쓰는 그릇이 되려면 어떻게 해야 하나요?

_____

_____

_____

K2. 심판의 때에 진노의 그릇은 어떻게 되나요?

_____

_____

_____

S1. 깨어진 진노의 그릇을 부러워해 본 경험이 있다면 나눠 봅시다.

_____

_____

_____

S2. 자신을 비웠을 때 성령의 충만함을 누린 경험이 있다면
　　나눠 봅시다.

_____

_____

_____

_____

_____

생선 아카데미 / 인간론 ❷

토기장이와 그릇

2021년 9월 20일 초판 발행

지 은 이 | 박진석

펴 낸 이 | 김수홍
편   집 | 유동운, 김설향, 김혜경
디 자 인 | 사라박
펴 낸 곳 | 도서출판 하영인
등   록 | 제504-2019-000001호
주   소 | 포항시 북구 삼흥로411
전   화 | 054) 270-1018
블 로 그 | https://blog.naver.com/navhayoungin
이 메 일 | hayoungin814@gmail.com
인스타그램 | https://www.instagram.com/hayoungin7

ISBN 979-11-971556-8-0(03230)

값 4,900원

✱ 도서출판 하영인은 복음이 전해지지 않은 곳에 신앙에 유익한 도서를
   보급하는 데 앞장섭니다. 해외 문서 선교에 뜻이 있는 분들의 참여를
   기다립니다.
   후원 _ 국민은행 821701-01-597990 도서출판 하영인